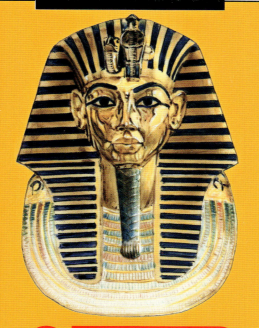

AR超级看

法老的秘密

（西）伊娃·巴尔加略 著

张 晨 译

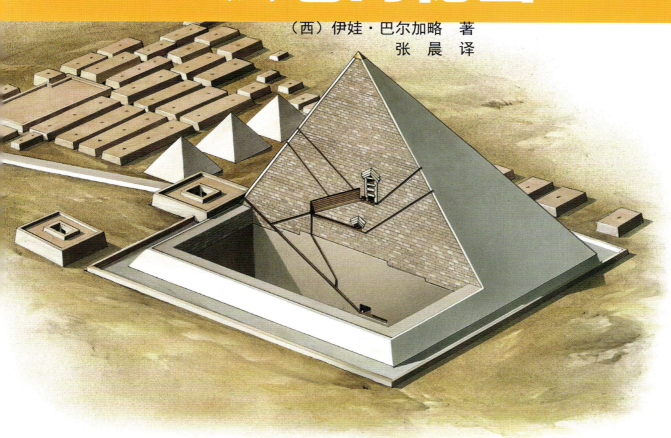

辽宁科学技术出版社

·沈阳·

璀璨的古埃及文明

　　尼罗河是世界上最长的河流。尼罗河流域为世界古文明发源地之一。古埃及文明的杰出之处不仅在于令人印象深刻的艺术和建筑成就，更体现在丰富的智慧结晶和科学知识。

　　我们希望向年轻的读者展现这个文明的主要特征。本书开头是一篇概要形式的简介以及书中将会涉及的11个主题组成的独特的时间框架。这些主题分别以简短的叙述开场，内容围绕核心插画展开，以简洁清晰的方式展现有关埃及文化和历史的不同方面。附加图片对内容起到扩充作用，为读者提供更多的信息。

　　为了使阅读更加便捷，并对书中信息加以补充，本书的最后两页附上历史年表和词汇表。

　　主题的选择和内容展开方面，我们更加注重内容的吸引力而非知识的全面彻底性。我们的主要目的是激发年轻读者对伟大文明与历史的兴趣，同时避免大量的历史数据让读者感到无所适从，进而鼓励学生读者对相关材料展开进一步的学习研究。

众神、法老和金字塔

古王国时期国土范围（约公元前27—前22世纪）。

地中海

下埃及

孟菲斯

尼罗河

上埃及

努比亚

中王国时期国土范围（约公元前21—前18世纪）。

地中海

下埃及

尼罗河

底比斯

上埃及

努比亚

伟大法老的文明

公元前3100年，一个伟大的文明在尼罗河流域出现并几乎持续到现代文明的开端：这就是古埃及文明。人类历史和文化中的这段漫长而非凡的时期由法老统治；这些法老被视为传统的捍卫者。法老认为自己是人类与神的中间人，负责维护宇宙的平衡进而实现国家的发展。

尼罗河：众神的恩赐

尼罗河流域得益于年年泛滥的河水，土地十分肥沃，加上适宜的气候，为农业和畜牧业发展创造了条件。这些因素使得人类在下埃及定居下来，逐渐形成了我们今天所知的古埃及文明。

一个伟大帝国的王朝和朝代

为了将古埃及文明的研究简化、结构化，历史学家将其分为4个主要时期：古王国时期，中王国时期，新王国时期和后王国时期。两个时期之间的阶段分别称为第一、第二和第三中间期。

同时，历史文档和许多现存的艺术和建筑作品使我们得以了解并整理出了古埃及文明自发源起共31个朝代的信息。

那尔迈法老的石板标志着上下埃及的统一。

埃及帝国在公元前第2世纪中叶范围。

地中海

下埃及

尼罗河

上埃及

努比亚

古老的帝国

埃及历史中伟大的时期从第三王朝持续到第六王朝。更早的第一王朝的第一位法老——美尼斯法老，统一了上下埃及，并建立了统一王国的首府——孟菲斯市。以孟菲斯为核心，法老的行政体系通过公共官员将国家的经济运作组织在一起。法老行使绝对权力，宗教则从最初就与法老的权力紧密关联。金字塔是法老们长眠的地方。

印和阗，金字塔艺术家

这位伟大的建筑师选择用另一种材料——石材——替代土砖，提出将左赛尔法老遗体的安息之所建成阶梯金字塔——塞加拉金字塔。由此开始，这种陵墓形式不断进化，最终达到完美的几何构成，这就是由胡夫、哈夫拉和门卡乌拉三座金字塔组成的吉萨陵墓群。金字塔的内部是密封的迷宫，以便阻挡潜在的盗墓贼；然而盗墓贼们急于窃取皇家墓地中埋藏的宝藏，想尽办法克服通道的黑暗和狭窄，最终往往达成目的。

与法老不同，国家高官被埋葬在石室坟墓中，这是分散在皇家金字塔周围的一种低调得多的墓葬形式。

文化的黄金时代

埃及文化与艺术的成就不只体现在建筑上。雕塑、航海、天文和医药等其他领域也有突出的表现。不仅有神圣而精妙的大型木质和石质雕塑，还有装饰庙宇和墓穴墙壁的美丽浮雕。浮雕以宗教场景为主，或者彰显法老的光辉形象，或者反映百姓的日常生活。在这些图像中，人体形象尤其是法老和达官贵人的形象以二维画面呈现，不仅有正面也有侧面。

同样，古埃及的医生掌握了有关人体，特别是循环系统的渊博知识；埃及的天文学家建立了一年365天的日历系统。

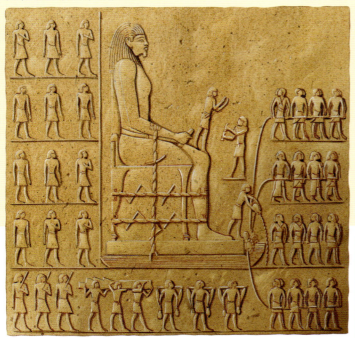

这片浅浮雕刻画了巨大雕像的运输过程，很可能是在运往某座寺庙。

石室坟墓的结构类似于陵墓的墓穴形式。它们的可见部分位于地上，另一部分藏于地下，可以通过垂直通道到达。

一段动荡的漫长时期

尽管第十一王朝和第十二王朝的法老们对重新建立秩序、平衡和国家统一做出了努力，但从古王国末期到新王国时期开始，埃及还是经历了一段衰退时期。

佩比一世的统治之后，埃及各省开始逃避君主制度的控制，试图各自为政。同时，贝都因人入侵三角洲地区，埃及充满了暴力和腐败。这个充满不确定性的衰退时期一直持续到公元前1991年。同年，第十二王朝建立。

第十二王朝法老曼图霍特普二世重新统一了埃及的领土，在底比斯建立了国家首都。后来第十二王朝中来自底比斯的首位法老阿蒙涅姆赫特一世将国家的首都改建在了靠近孟菲斯的地方，终结了底比斯的骄横之风，重塑了国家的形象。他与他的后裔也致力于文学和艺术的保护。

第二中间期期间，喜克索斯人从西亚入侵埃及。这些外族在阿瓦里斯落脚，将其定为埃及的新首都，在此统治下埃及区域。

新王国时期

第十三王朝的建立者雅赫摩斯一世终结了喜克索斯人的统治，重新统一了埃及的所有领土，从此开启了一个军事繁荣的时代。

与小亚细亚的米探尼结成同盟后，埃及向南征战到尼罗河第四瀑布——同时，发生了埃及艺术与文化的文艺复兴。

书记官是负责书写而责
任又远大于此的国家官员。

新王国时期的法老们将自己的陵墓
建在帝王谷。他们的陵墓建在开凿的石
头中，包含了大量宝藏和珍贵的浮雕与绘
画。这一时期的绘画艺术应用广泛且品质
非凡：无比流畅、细腻而精致的绘画被用
于墙壁和石棺装饰。绘画中有雕塑和手工
艺品制作的场景，也有食品制作的场景；
其他绘画包含了宗教生活和丧葬传统以及
法老和埃及人民的日常生活。这一时期保
留下来的珠宝由贵金属制成，展现出精湛
的技术与工艺。在建筑领域，庙宇同样经
历了深远的发展。卡纳克神庙内的阿蒙神
庙促进了庙宇的建设和扩大，出现了巨大
的多柱式大厅、立柱、方尖碑和巨大的雕
像。停灵庙、阿布辛拜勒神庙等一些著名
建筑也印证了这一时期的法老们对光辉和
不朽的渴望。

伟大帝国和灿烂文明的结束

公元前2世纪的最后几年间，埃及陷入
衰退的泥潭，走向衰亡。公元前1世纪，波
斯人的统治以及随后希腊人和罗马人的征
服终结了埃及王朝。

尼罗河地区成为了新兴帝国的行省。古
埃及文明三千年的智慧、艺术与文化财富
也因此失去了光华。

法老或王室成员是金匠和银匠的
主要客户。首饰通常是一种装饰品，
也是通往来世旅途中的护身符。

生命之河

　　尼罗河是地球上最长的河，穿越埃及的土地流入地中海，形成开阔的三角洲。大河在低洼处的周期性洪水冲刷形成肥沃的平原，孕育了非凡的人类文明——古埃及文明。尼罗河不仅滋养了繁荣的农业社会，还孕育了一种沟通渠道，是延续了三千多年的伟大帝国背后的支撑源泉。

尼罗河上的巡航船

　　船舶是古埃及人使用最广泛的交通工具。船舶一般由木头制成，船帆很可能是高度大于宽度的梯形。

阿拜多斯

　　向奥西里斯神致敬的圣城；塞提一世法老下令在这里建造神庙。

帝王谷

　　新王国时期的法老们选出的建造陵墓的地点，希望免受小偷和盗墓者的侵扰。

停灵庙

　　帝王谷附近由哈特谢普苏特女王挑选的为自己建造神庙的地点。

上埃及

阿斯旺

阿布辛拜勒神庙

　　拉美西斯二世在这里挖掘岩石建造了两座壮观的寺庙。

努比亚

　　努比亚阿斯旺大坝的建造促使埃及人向高地迁徙。

内陆海

　　1892年，埃及人开始在尼罗河上南邻阿斯旺的位置建造阿斯旺大坝。在随后的1960到1970年间，这里建成了规模更大的水坝，迫使当时的政府部门将包括阿布辛拜勒神庙在内的多处著名建筑移往高地，免受河水侵扰。

菲莱神庙

　　托勒密时期建造的纪念伊西斯女神的庙宇；现代历史中，由于阿斯旺水坝的建设，人们将菲莱神庙从菲莱岛迁移至阿加勒凯岛，保护它不受洪水毁坏。

埃德夫神庙

　　纪念荷鲁斯神的庙宇所在地；埃德夫神庙是托勒密王朝现存建筑中工艺最卓越，保存最好的一个。

土地耕作

农业是埃及人经济活动的主要来源之一。埃及人用牛拉的犁开垦土壤，为耕种做准备。收割时使用的是弯曲的金属镰刀。

地中海

吉萨高地

最著名的埃及标志建筑群就坐落在这里：胡夫、哈夫拉和门卡乌拉的金字塔以及狮身人面像。

亚历山大市

尼罗河三角洲上的神秘城市，建于亚历山大大帝的光辉时期；它的港口通向附近的法罗斯岛灯塔，即古代世界七大奇观之一的著名灯塔。

罗塞塔市

尼罗河左侧河口上的城市。

塞加拉

左赛尔法老的阶梯金字塔就坐落在这里，它是埃及历史上第一座金字塔。

下埃及

孟菲斯

古王国时期的首都，也是埃及的艺术、宗教和行政中心。

西奈半岛

红海

泰勒阿玛纳

阿赫那吞法老统治时期的首都。

卡纳克神庙

位于底比斯（现卢克索）的寺庙群，为了纪念底比斯的三位神灵（阿蒙神，其妻穆特以及他们的儿子孔苏）。

法老与神

法老是古埃及的民事、宗教和军事领袖。人们认为他是奥西里斯神的儿子，作为神与人的中间人统治地球。为数众多的法老雕塑和画像大部分都不是法老本身的真实刻画，而是体现社会阶层和法老神圣地位的理想化形象。

蓝冠

新王国时期的法老们佩戴的皇冠，也称为蓝冠或战冠。蓝冠上有象征下埃及的眼镜蛇。

权杖

拉美西斯二世右手中的钩状权杖，象征他的力量与权威。

拉美西斯二世

是塞提一世的儿子，第十九王朝的一位伟大法老。他下令建造了古埃及的一些尤为重要的建筑，包括位于阿布辛拜勒的以他命名的庙宇群。

异教徒国王

阿赫那吞吞并任法老前任法老的世界观颇为不同。他信仰的宗教只崇拜阿托恩一个神，禁止对其他神灵的崇拜。这种变革只持续了很短的时间，但在他的影响下，埃及的艺术获得了更强的现实和人文色彩。

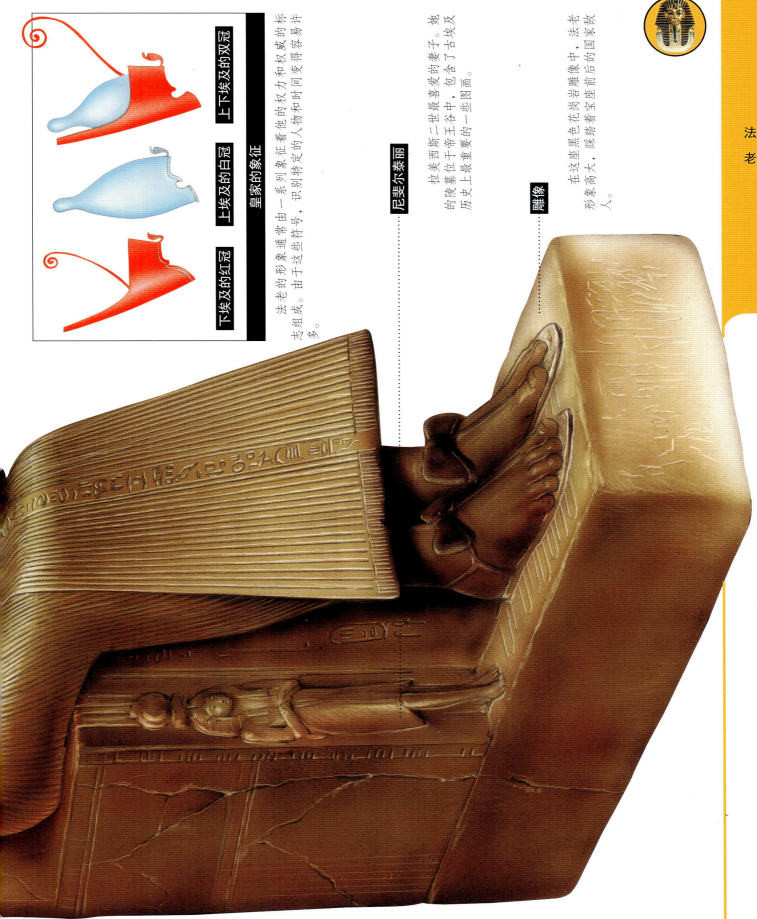

上下埃及的双冠

上埃及的白冠

下埃及的红冠

皇家的象征

法老的形象通常由一系列象征着他的权力和权威的标志组成。由于这些特定的符号，识别特定的人物和时间变得容易许多。

尼芙尔泰丽

拉美西斯二世喜爱的妻子。她的陵墓位于帝王谷中，包含了古埃及历史上最重要的一些图画。

雕像

在这座黑色花岗岩雕像中，法老形象高大，踩踏着宝座前后的国家敌人。

天堂的居民

　　古埃及的宗教信仰非常复杂，不同的神有不同的象征和形式。埃及人认为社会由神灵、法老和人类组成，法老是人类与神之间的调解人。祭祀神灵的过程中，法老和祭司会确保神灵得到所需的一切东西，这样神灵就会反过来通过法老保护人类。

伊西斯和奥西里斯的传说

　　在埃及神话中，盖布（土地之神）与努特（天空女神）之子奥西里斯统治整个世界。他被弟弟赛特杀死，并切成几块。但他忠诚的妻子也是他的妹妹伊西斯将尸体碎块收集到一起，奥西里斯得以复活。后来，伊西斯和奥西里斯的儿子荷鲁斯杀死了赛特，为奥西里斯报仇。

伊西斯

　　生育女神，母亲的守护神，她是奥西里斯的妹妹和妻子，荷鲁斯之母；她通常被描绘成头上有牛角或皇冠的人类。

奥西里斯

　　冥界之王，伊西斯的哥哥和丈夫；他有人类的面孔，披着裹尸布，绿色的脸和手象征着复活。

荷鲁斯

　　保护君主制之神，伊西斯和奥西里斯的儿子，通常被描绘成人身鹰头的形象。

拉

太阳的化身，常与其他与太阳有关的神灵联系在一起。

赛特

混乱、战争和风暴之神，奥西里斯之弟。

阿努比斯

死亡与葬礼之神，通常是人身、胡狼头的形象。

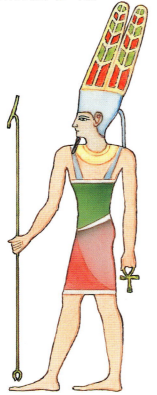

阿蒙

被描绘成公羊形象的神，与太阳神被一同称为"阿蒙—瑞"神，即众神之父。

哈索尔

幸福与爱的守护女神，荷鲁斯之妻。丹德拉的一座庙宇就是为了纪念她而建的。

努特

天空女神。根据埃及神话，她和丈夫盖布（大地之神）被二人的父亲修（空气之神）分离。

令人费解的迷宫

旧王国时期的伟大法老们将自己的陵墓修成了金字塔。这是由石室坟墓——由一个长方形平台构成的古代丧葬结构——演变而来的。这些壮观的建筑物不仅向法老的光辉形象致敬，还要保护皇家陵墓和陵墓中的所有宝藏。金字塔群通常包含其他建筑构造，尽管这些建筑属于次要结构，但在葬礼的仪式上充当重要作用。

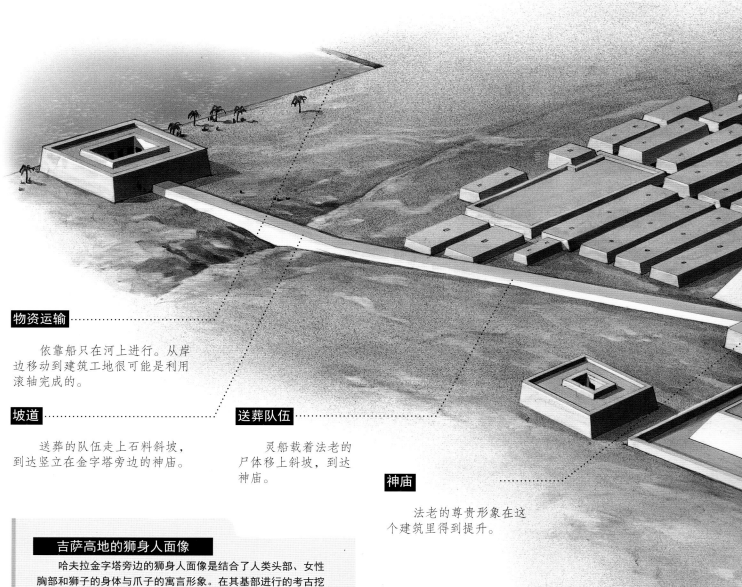

物资运输

依靠船只在河上进行。从岸边移动到建筑工地很可能是利用滚轴完成的。

坡道

送葬的队伍走上石料斜坡，到达竖立在金字塔旁边的神庙。

送葬队伍

灵船载着法老的尸体移上斜坡，到达神庙。

神庙

法老的尊贵形象在这个建筑里得到提升。

吉萨高地的狮身人面像

哈夫拉金字塔旁边的狮身人面像是结合了人类头部、女性胸部和狮子的身体与爪子的寓言形象。在其基部进行的考古挖掘发现，这座令人不安的雕像与一座古代庙宇的遗迹相通。

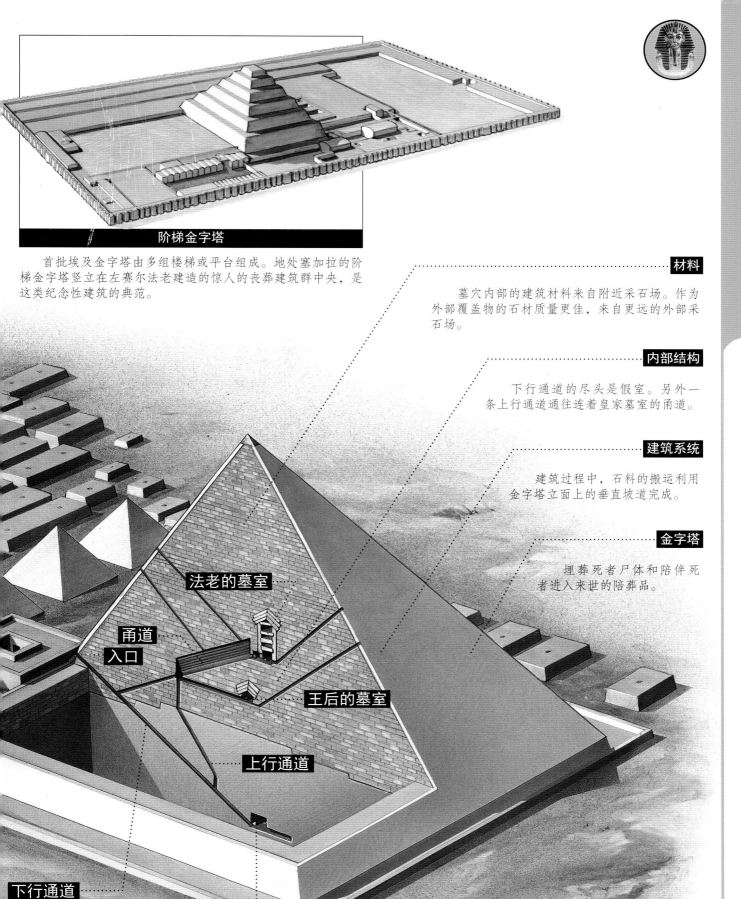

阶梯金字塔

首批埃及金字塔由多组楼梯或平台组成。地处塞加拉的阶梯金字塔竖立在左赛尔法老建造的惊人的丧葬建筑群中央，是这类纪念性建筑的典范。

材料

墓穴内部的建筑材料来自附近采石场。作为外部覆盖物的石材质量更佳，来自更远的外部采石场。

内部结构

下行通道的尽头是假室。另外一条上行通道通往连着皇家墓室的甬道。

建筑系统

建筑过程中，石料的搬运利用金字塔立面上的垂直坡道完成。

金字塔

埋葬死者尸体和陪伴死者进入来世的陪葬品。

法老的墓室

甬道
入口

王后的墓室

上行通道

下行通道

假室

艺术品创作

古埃及大部分的艺术作品都没有留下工匠的名字，很可能是在作坊里完成的。法老和王室成员是这些作坊的主要客户。作坊中的工匠以团队的形式工作，听从工头的指挥。一般来说，这些艺术作品的设计规划由祭司负责。类似的团队合作也存在于古埃及日常生活的其他方面，如食品和饮品的制作。

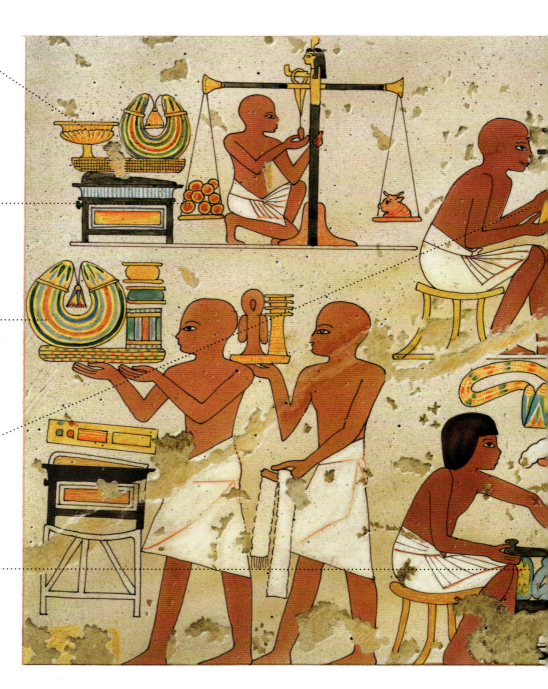

贵金属加工

法老和王室成员是珠宝的主要消费者；珠宝是社会地位的象征，也是在通向来世的旅程中伴随死者的"护身符"。

贵金属加工材料

黄金是最常使用的材料之一；银、铜、锡、铜、琥珀等级较低的材料也会用到。

景泰蓝

贵金属加工中最常见的工艺之一，包括绘制黄金条纹轮廓，并用色釉填充。

绘画中的颜色

绘画中仅使用几种单一颜色，最常见的颜色是黑色、白色、蓝色、绿色、黄色和红色。

颜色的搭配

红色是木头、陶瓷、沙漠和男性身体的颜色；黄色和金色是女性身体的颜色；黑色用于头发和眼睛；蓝色是天空和水的颜色。

古埃及的面包制作过程

古埃及酿酒步骤

首先用研钵（1）或手磨机（2）研磨粮食；然后过筛（3）；将黏土制成的面包模具（4）；装满面团（5）；最后在"烤箱"中烤制面包（6）。

酿制啤酒的第一步是揉面团，然后加入枣和香料（1）；接下来，将面团与水混合（2），将混合液体倒入罐子（3）；最后，将容器密封（4）。

人像的规律

在纸莎草纸或石板上画出站立人像，分为18行方格。举例来说，从额头到颈部底端是2排方格，从膝盖到脚部底端是6排方格。这一规律一直沿用到旧王国时期。

艺术加工

贵金属工匠、木匠、雕塑家和雕刻家以团队的形式创作不同的艺术作品。

雕塑的修饰

许多雕塑表面饰有彩绘，眼睛和脸部以不同颜色的宝石装饰。

雕塑

大部分古埃及雕像的发现地点都与丧葬有关。

雕塑材料

最常见的材料是石材；但是也会使用到木材和铜、青铜等金属。

法老们的陵墓

新王国时期的法老们选择在尼罗河西岸的帝王谷建造皇家陵墓，选择这里的原因很可能是为了避开小偷和盗墓者的侵扰。目前已发掘的大部分陵墓（图中是塞提一世的陵墓），超过30个都是在岩石中开凿出的空间，包含多个以象形文字和宗教、象征性场景装饰的墓室。除了以女法老身份统治埃及的哈特谢普苏特，法老的妻子们都被葬在帝王谷附近的王后谷。

颜色的搭配

这种艺术形式在新王国时期发展迅速，皇家陵墓成为这一时期伟大画家的首个实验场。

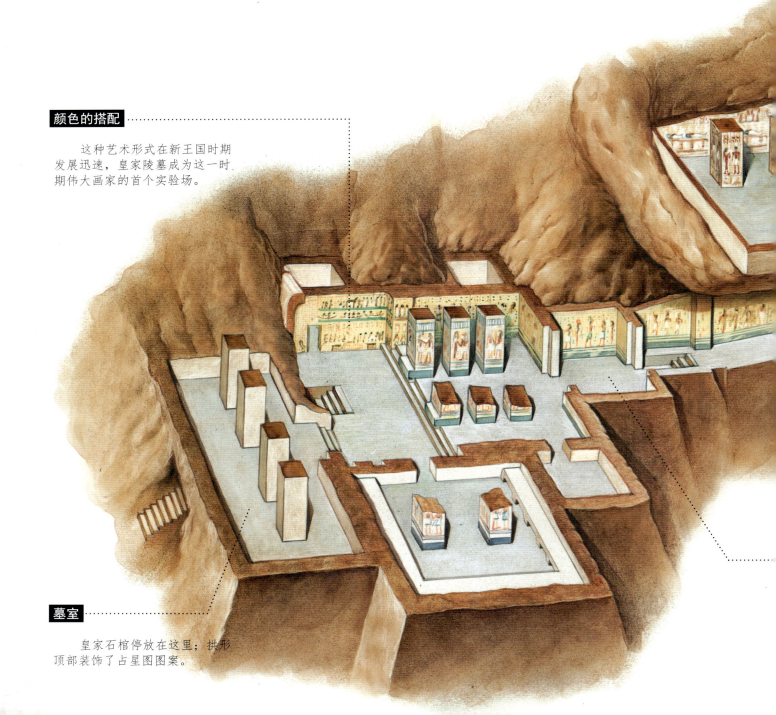

墓室

皇家石棺停放在这里；拱形顶部装饰了占星图图案。

王后谷

这里埋葬的是新王国时期的王后和王子。尼斐尔泰丽的陵墓是其中最重要的陵墓之一，陵墓内有一组非同寻常的图案，其中最引人注目的是一幅皇后下棋的画。

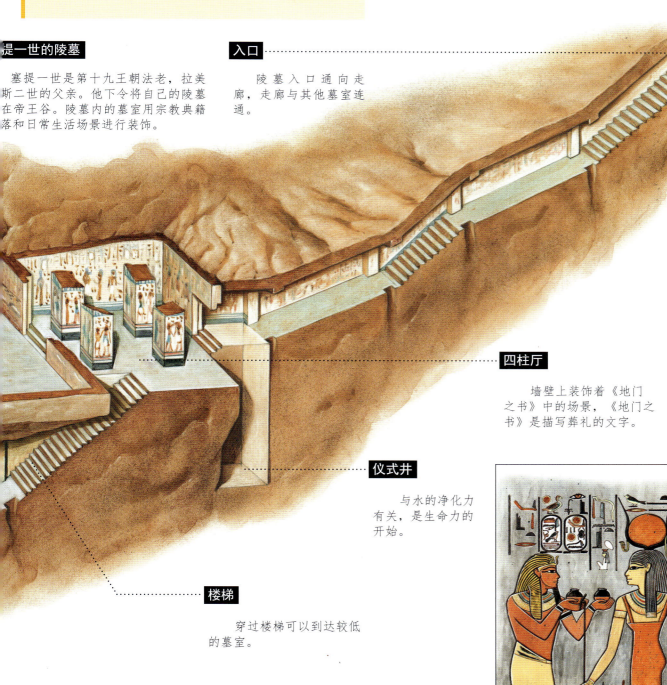

塞提一世的陵墓

塞提一世是第十九王朝法老，拉美斯二世的父亲。他下令将自己的陵墓建在帝王谷。陵墓内的墓室用宗教典籍段落和日常生活场景进行装饰。

入口

陵墓入口通向走廊，走廊与其他墓室连通。

四柱厅

墙壁上装饰着《地门之书》中的场景，《地门之书》是描写葬礼的文字。

仪式井

与水的净化力有关，是生命力的开始。

楼梯

穿过楼梯可以到达较低的墓室。

前室

走廊墙壁上的装饰场景，指导法老通向来世的旅程。

向众神献祭

哈伦海布法老的陵墓位于帝王谷，里面有一组价值连城的壁画。在这张图片中，哈伦海布法老向哈索尔女神祭献了两个装着红酒的容器。

奥西里斯的王国

古埃及人认为人的身体有三个基本元素：灵魂，生命力以及神力。人死后，生命力需要依附在尸体上才能通向来世，这就是埃及人制作木乃伊的原因。但是，在获准进入神圣的世界之前，死者需要接受审判。如果死者通过了考验，会被带到冥界的统治者——奥西里斯神面前；如果死者没有通过考验，会被打入地狱，成为魔鬼。

吞食者

如果死者没能通过考验，这个怪物会上前吞掉他的心。

阿努比斯

制作木乃伊之神；在奥西里斯主持的审判中，阿努比斯拿出死者的心称重，将死者领到审判席。

心脏

审判过程中，将死者的心脏与玛特（正义与秩序的标准，与代表它的女神玛特同名）放在天平上称重。

玛特

真理、正义与和谐之神；有时她以一根鸵鸟羽毛的形式出现。

制作木乃伊的过程

首先，移除内脏，将尸体脱水。然后用绷带包裹尸体，涂抹树脂和油去除臭味。

死亡之书

由一系列咒语和魔法公式组成，在通向来世的旅程中保护死者。死亡之书通常写在纸莎草纸上，放在尸体旁边，一小部分内容也会出现在坟墓的墙壁上。

荷鲁斯四子

容纳死者器官的4个容器或罐子代表荷鲁斯的4个儿子。

托特

智慧与公正之神，他手执笔册，记录东西。

荷鲁斯

负责将死者带到奥西里斯的宝座前。

奥西里斯

冥界之神，主持人死后的审判。

神灵的家

古埃及的建筑师创造了高大而壮观的庙宇，向他们崇拜的神灵和法老表达敬意。这些巨大的建筑几乎仅供法老和祭司使用：普通人只能在参加仪式时进入露台，官员和书记官等上层社会成员可能会被允许进入多柱厅，只有最高级别的领导人可以与祭司一起进入船厅。而神灵的雕塑只有法老和祭司长才能靠近。

塔门

入口处两侧的两座高大梯形石塔，塔门前方放置的是法老巨像。

露台

三面被柱子包围的开阔空间，通向限制使用的房间。

狮身人面像大道

通往路克索神庙的道路，被狮身人面像守护。

方尖碑

在埃及神学中，方尖碑是创造宇宙的第一束光以石头形式的物质体现。建在庙宇和其他重要建筑前方的方尖碑上通常有献给神灵的铭文。

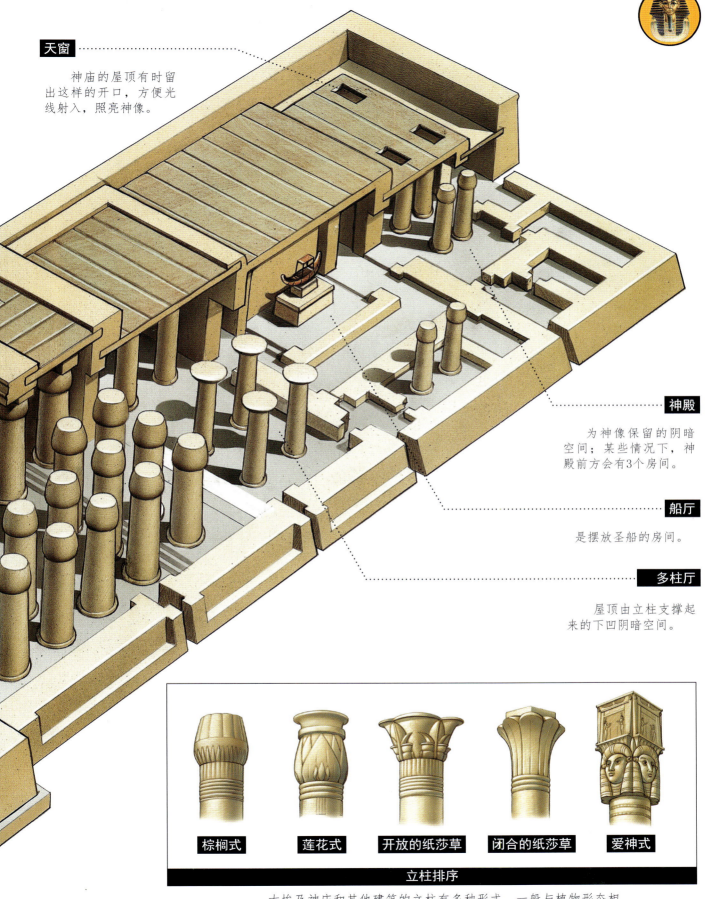

天窗

神庙的屋顶有时留出这样的开口，方便光线射入，照亮神像。

神殿

为神像保留的阴暗空间；某些情况下，神殿前方会有3个房间。

船厅

是摆放圣船的房间。

多柱厅

屋顶由立柱支撑起来的下凹阴暗空间。

| 棕榈式 | 莲花式 | 开放的纸莎草 | 闭合的纸莎草 | 爱神式 |

立柱排序

古埃及神庙和其他建筑的立柱有多种形式，一般与植物形态相关。这里列出了几种最重要的立柱形式。

书记官们留下的难解之谜

古埃及人使用三个主要的文字系统。其中圣书体最为人熟知，也最华丽，它包含两种符号：图形文字和音节文字。图形文字代表描绘出的物体或与之密切相关的东西，音节文字则是语音的体现。另外两种书写形式是僧侣体或称草体，以及世俗体，即僧侣体的简化形式。

圣书体

用于纪念或装饰性的铭文；书写顺序从右至左。

阿赫那吞

拉美西斯二世

塞提一世

克利奥帕特拉七世

皇家圣书体

用圣书体写出的几位法老的名字。

调色板

有两个墨水孔和一个笔槽。

解密象形文字的关键

1799年，人们在罗塞塔（尼罗河河口城市）发现了一块黑色玄武岩石碑。石碑的铭文出现了三种文字：圣书体、世俗体和古希腊文。这些文字使得法国考古学家让·弗朗索瓦·商博良解开了古埃及象形文字的秘密。

书记官

古埃及的高级官员。除了能够写字，还需要了解法律，能够进行税费计算。

泥碑

起到铺垫纸莎草纸的作用，使书记官书写时更加舒适。

笔

通常用一端磨散的芦苇秆或纸莎草制成。

书记官的表意文字

这个表意文字体现的是有颜料切口的调色板和一个装水、笔的容器。

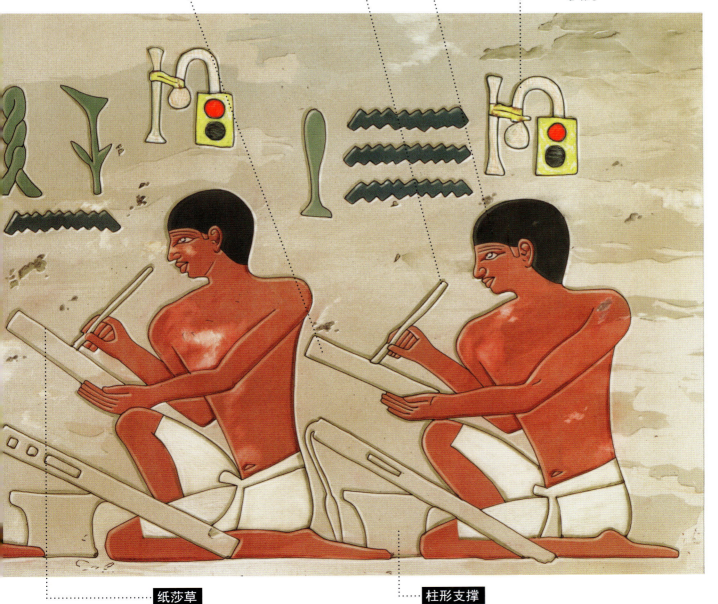

纸莎草

这种植物的茎心用来制作类似纸浆的物质。

柱形支撑

支撑泥碑，书记官将纸莎草纸平铺在碑上书写。

法老的诅咒

图坦卡蒙这位年轻的古埃及法老是阿赫那吞法老的女婿，他接替了阿赫那吞法老的王位。图坦卡蒙法老最为人熟知的是他的坟墓，未受洗劫和掠夺而完整地保存在帝王谷中。他的皇家陵墓是英国考古学家霍华德·卡特在1922年发现的。陵墓中华丽的艺术品和珠宝在黑暗中沉睡了3000年后，得以重见天日。今天，人们可以在开罗考古博物馆看到他的这些陪葬品。

法老的诅咒

与图坦卡蒙墓发掘有关联的多人都离奇死亡，打开墓室的同一天也发生了其他奇异的事件，这些都为这次发掘活动蒙上了神秘的色彩，也孕育了法老的诅咒这一传说。

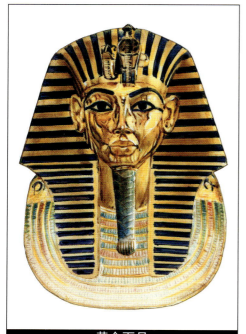

黄金面具

放置在图坦卡蒙木乃伊上方的这件非凡的陪葬品由镶嵌了青金石的黄金制成，杰出的工艺令人叹为观止。精美的造型重现了法老的面容，清晰地显示出法老生前18岁的青春勃发。

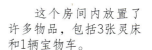

前室

这个房间内放置了许多物品，包括3张灵床和1辆宝物车。

人形棺

共有三层，其中一层由纯金制成，另外两层为镀金木质结构。

墓室

法老的木乃伊就放置在房间内的三层石棺里。

藏宝室

图坦卡蒙法老的内脏器官经过防腐处理后放入卡诺匹斯罐，存放在这里。

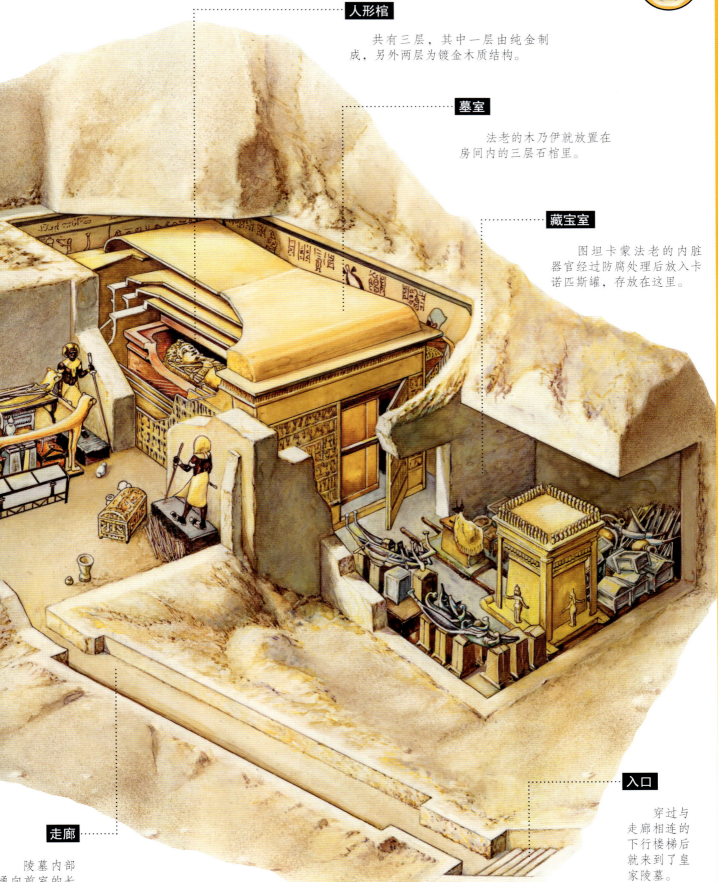

入口

穿过与走廊相连的下行楼梯后就来到了皇家陵墓。

走廊

陵墓内部通向前室的长通道。

王中女王

作为埃及的最后一位统治者，克利奥帕特拉七世在公元前51年到公元前31年间统治埃及。她是托勒密十二世的女儿。她与弟弟在父亲死后展开了权力的争夺。她曾是尤利乌斯·恺撒的情人，后又与马克·安东尼建立情人关系，并与之结婚。安东尼的自杀迫使她也结束了自己的生命。她的儿子与继承人，恺撒里昂被未来的罗马君主屋大维处死。从那之后，埃及成了罗马帝国的一部分。

托勒密一世

曾是亚历山大大帝军队中的将军，公元前305年宣布自己成为埃及法老。

尤利乌斯·恺撒

是协助克利奥帕特拉废黜弟弟托勒密十三世的罗马将军。

托勒密十三世

克利奥帕特拉与托勒密十三世共同继承了父亲托勒密十二世的王位。托勒密十三世受他的顾问鼓动，企图独自管理埃及，将姐姐克利奥帕特拉驱逐。

电影中的传奇人生

克利奥帕特拉的美丽以及她充满诱惑和野心的特质一直让艺术家、音乐家和作家深深着迷。曾有多部电影重现了她传奇的人生，其中最著名的可能要数由约瑟夫·曼凯维奇导演的版本，伊丽莎白·泰勒在这部电影中扮演了埃及的最后一位女王。

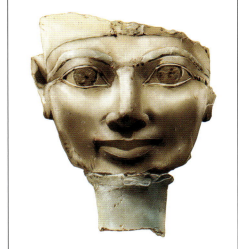

哈特谢普苏特：帝国的女王

在克利奥帕特拉之前还有一位伟大的埃及女王——哈特谢普苏特。她是图特摩斯一世之女，图特摩斯二世之妻，以摄政王身份辅佐图特摩斯三世2年时间，随后宣告成为埃及的统治者。

马克·安东尼

罗马帝国东部领土的统治者。亚克兴之战中他被屋大维打败后自杀。

恺撒里昂

尤利乌斯·恺撒与克利奥帕特拉之子，埃及王子。屋大维下令将他处死。

屋大维

罗马帝国西部领土的统治者，后来以奥古斯都之名担任罗马君主。

克利奥帕特拉之死

根据一项古代传统，克利奥帕特拉在她的保护者马克·安东尼死后，选择被一种叫"阿斯普"的小毒蛇咬死，以避免遭受屋大维的羞辱。

历史年表

历史时期	时间	朝代
前王国时期	公元前5000—前3100年	
古风时期	公元前3100—前2890年 公元前2890—前2686年	第一王朝 第二王朝
古王国时期	公元前2686—前2613年 公元前2613—前2494年 公元前2494—前2345年 公元前2345—前2181年	第三王朝 第四王朝 第五王朝 第六王朝
第一中间期	公元前2181—前2173年 公元前2173—前2160年 公元前2160—前2130年 公元前2130—前2040年 公元前2133—前1991年	第七王朝 第八王朝 第九王朝 第十王朝 第十一王朝
中王国时期	公元前1991—前1786年	第十二王朝
第二中间期	公元前1786—前1633年 公元前1786—前1603年 公元前1674—前1567年 公元前1684—前1567年 公元前1650—前1567年	第十三王朝 第十四王朝 第十五王朝 第十六王朝 第十七王朝
新王国时期	公元前1567—前1320年 公元前1320—前1200年 公元前1200—前1085年	第十八王朝 第十九王朝 第二十王朝
第三中间期	公元前1085—前945年 公元前945—前730年 公元前817（?）—前730年 公元前720—前715年 公元前715—前668年	第二十一王朝 第二十二王朝 第二十三王朝 第二十四王朝 第二十五王朝
后王国时期	公元前664—前525年 公元前525—前404年 公元前404—前399年 公元前399—前380年 公元前380—前343年 公元前343—前332年	第二十六王朝 第二十七王朝 第二十八王朝 第二十九王朝 第三十王朝 第三十一王朝
亚历山大大帝 征服埃及	公元前332年	
托勒密时期	公元前332—前30年	
罗马征服与 克利奥帕特拉之死	公元前30年	

词汇表

护身符	赋予所有者神奇力量和保护的珠宝。
人神同性论	神灵获得人类或半人的物理特征的过程。
死亡之书	包含一系列指示信息的葬礼文本，作用是帮助死者获得永生。
卡诺匹斯罐	制作木乃伊时取出死者器官后保存这些器官的4个罐子。
巨像	巨大的雕像，通常是法老或王后。
通俗文字	公元前700年前后使用的文字类型，由象形文字发展而来，用于法律、商业和文学。
僧侣体	以象形文字为基础的草书，用于记录宗教文本。
象形文字	用于表达古埃及语言的图画文字。传统上用于宗教典籍和纪念碑铭文。
多柱式房间	庙宇的一部分，屋顶由立柱支撑。
马斯塔巴古埃及墓室	由丧葬室和献祭堂构成的墓葬形式。"马斯塔巴"这个词（阿拉伯语，意为石凳或石凳状）描述的是长凳形状的外部结构。
制作木乃伊	去除内脏器官，利用脱水保存尸体的方法。
方尖碑	金字塔状的垂直石材，象征对太阳的崇拜。
纸莎草	可以用于制作一种书写纸张的植物。
塔门	庙宇入口处两侧由两座坚固石塔形成的立面。
圣船	在宗教仪式中运输神灵雕像的特殊船只。

图书在版编目（CIP）数据

法老的秘密 / (西) 伊娃·巴尔加略著 ; 张晨译. —沈阳 : 辽宁科学技术出版社, 2017.1

（AR超级看）

ISBN 978-7-5381-9911-6

Ⅰ.①法… Ⅱ.①伊…②张… Ⅲ.①埃及—古代史—青少年读物 Ⅳ.①K411.209

中国版本图书馆CIP数据核字(2016)第190551号

出版发行：辽宁科学技术出版社
　　　　　（地址：沈阳市和平区十一纬路25号　邮编：110003）
印　刷　者：鹤山雅图仕印刷有限公司
经　销　者：各地新华书店
幅面尺寸：210mm×275mm
印　　张：2
插　　页：4
字　　数：80千字
出版时间：2017年1月第1版
印刷时间：2017年1月第1次印刷
责任编辑：姜　璐　卢山秀
封面设计：许琳娜
版式设计：许琳娜
责任校对：栗　勇

书　　号：ISBN 978-7-5381-9911-6
定　　价：48.00元

投稿热线：024-23284062　1187962917@qq.com
　　　　　024-23284356　1449110151@qq.com
邮购热线：024-23284502